# GABRIEL MARC

# L'AUVERGNE AUX SALONS

## DE 1893

*EXTRAIT DE LA REVUE D'AUVERGNE*

CLERMONT-FERRAND

TYPOGRAPHIE ET LITHOGRAPHIE G. MONT-LOUIS

2, RUE BARBANÇON, 2

1893

# GABRIEL MARC

---

# L'AUVERGNE AUX SALONS

## DE 1893

EXTRAIT DE LA *REVUE D'AUVERGNE*

---

CLERMONT-FERRAND

TYPOGRAPHIE ET LITHOGRAPHIE G. MONT-LOUIS

2, RUE BARBANÇON, 2

—

1893

# L'AUVERGNE AUX SALONS

## DE 1893

---

La série des Salons de 1893 a commencé, dès le 20 janvier, par l'exposition des femmes artistes, à la galerie Georges Petit. Nous avons trouvé là, comme dans toutes les autres expositions d'œuvres d'art, ainsi qu'on va le voir dans cette étude, un souvenir de notre Auvergne si belle et si bien caractérisée dans l'ensemble de ce plateau ou *massif central*, cher à la science moderne.

M^lle Achille Fould, qu'il ne faut pas confondre avec M^lle Consuelo Fould, toutes deux, du reste, artistes de talent, y avait envoyé, avec le portrait du prince Stirbey et d'autres toiles remarquables, un joli coin de nature pris à la Bourboule. Les femmes artistes ont maintenant des moyens de produire leurs œuvres et si leur Salon de la galerie Georges Petit était par trop *select* et restreint, l'Union des femmes peintres et sculpteurs, fondée et dirigée par une statuaire éminente, M^me Léon Bertaux, leur fournit l'occasion de se manifester et de se grouper. Nous y avons noté les toiles de M^lle Boitelet, qui s'inspire le plus souvent des bords de l'Allier et dont nous aurons à parler plus loin.

Les expositions des Cercles sont comme un prélude. Les plus grands artistes ne les dédaignent pas. Ainsi, M. Denys Puech a exposé aux deux Cercles de la rue Volney et de la rue Boissy-d'Anglas. Son portrait du poète Jean Ramcau est parfait et ses bustes de femmes sont des merveilles de délicatesse et de goût. M. Puech est né dans l'Aveyron. C'est un voisin et un ami. L'Auvergne prend part à ses succès, comme à ceux de quelques artistes de la Loire, comme elle applaudit à ses banquets les beaux vers du poète du Rouergue, François Fabié. Les Cercles nous ont aussi permis de regarder avec plaisir les bonnes études de M. Franc Lamy: *Dans les feuilles* et *Le ruisseau des Sept-Fonds*; et les excellents portraits de M. Serendat de Belzim, particulièrement celui de M. Carvalho, directeur de l'Opéra-Comique, d'une grande finesse de touche.

*<br>* *

L'exposition éphémère de la *Soupe-aux-Choux* rend cependant service au public et aux artistes, en réunissant des œuvres de maîtres qu'il faudrait aller voir dans leurs ateliers, des projets quelquefois plus intéressants que des toiles achevées, des essais de débutants qui n'osent pas encore affronter la sévérité ou la partialité des jurys. On a été heureux d'y retrouver deux belles compositions de Schenck, qui a toujours le don d'évoquer nos splendides paysages. La mare près de Combronde et le laboureur, sur les versants voisins du Puy de Dôme, sont des œuvres sincères et habiles. Jean Desbrosses, dont le puissant coloris effraie quelquefois les regards sensibles des Parisiennes et qui triomphe néanmoins au Salon des Champs-Elysées, avec ses deux superbes toiles, avait envoyé, réunies en un seul cadre, de jolies études faites en Auvergne. On y sent l'amour profond de la nature, la joie de fixer d'un coup de pinceau un rare effet de soleil ou les formes imprévues des nuages dans les incendies des soleils couchants. M. Petit-Gérard, est maintenant apprécié comme peintre de sujets militaires. Il a voulu prouver qu'il peut sortir avec bonheur de cette spécialité. Son *Jour de lessive* s'imposait à l'attention par l'intensité de la lumière diffuse, dans une atmosphère claire et ensoleillée. Ces villageoises lavant ou faisant sécher leur linge, sur les bords nus de la jolie rivière, ont été saisies dans la vérité de leurs attitudes, et l'ensemble du tableau indique un progrès réel et de nouveaux horizons pour le talent de M. Petit-Gérard.

Est-ce un Auvergnat par sympathie que M. H. Schjerbeck, au nom étrange ? Nous n'avons pu éclaircir ce mystère. Mais, quoi qu'il en soit de la nationalité du peintre, sa petite fille endormie, à moitié nue, dans une mansarde, sous le jour tombant du châssis, révèle une science profonde du coloris et du clair-obscur. M. de Vergèses avait envoyé une de ses meilleures études orientales et une idéale fantaisie inspirée par la Parisienne, qu'il a déjà représentée à sa toilette, dans son boudoir ou dans le nuage vaporeux de son vêtement de nuit. Nous le félicitons de revenir à sa première manière, aux tons fins de notre climat, après avoir reproduit les colorations vives et chaudes des environs du Caire. La jeune fille voilée, de M. Serendat de Belzim, charmait par sa grâce, son coloris et l'étrangeté de sa parure, tandis que son pastel représentant une jeune violoniste aveugle, à la jolie figure marquée par la misère et la souffrance, impressionnait vivement. Une forte étude de M. Louis Retru, profil de paysanne ravissant, nettement enlevé sur un fond nuageux, figurera parmi les meilleures toiles du jeune peintre de Thiers. Le Musée de Riom a bien fait de l'acquérir.

Nous avons aussi nos femmes artistes. M<sup>lles</sup> Cécile et Marie Desliens, ces deux sœurs unies dans le travail et dans le succès, avaient exposé deux tableaux de genre, d'une remarquable vérité, exécutés avec le soin et le fini qui distinguent ces deux artistes. Dans l'un, le curé surveille la préparation du pot-au-feu par sa vieille servante ; dans l'autre, il s'agit de la réception de Monseigneur et la cuisine est en révolution. Ces sujets sont traités avec esprit, malice même, mais sans méchanceté. Gravés, ils feraient le succès des journaux illustrés. M<sup>lle</sup> Thérèse Morange, qui a débuté l'an passé, s'est inspirée, cette année, des vieilles tapisseries remises à la mode. Ce n'est pas une copie, ni une imitation qu'elle nous a présentée; mais une composition originale, dans les tons bleus, avec un motif de décoration heureusement rendu. Quant à M<sup>lle</sup> Beyne, sa cascade de Royat est une charmante aquarelle.

Citons les études de femme et de mendiant de M. Assézat de Bouteyre et son esquisse pour le plafond du théâtre du Puy, que le jeune artiste est chargé de peindre; les portraits de M. Bernard; l'église de Royat par M. Chassagne, l'élève distingué de l'école des Beaux-Arts. Une aquarelle de M. Jaffeux, représentant une vue des environs de Thiers, prouve que ce débutant à nos expositions sait comprendre et interpréter les magiques effets de soleils couchants, derrière les blocs de rochers et les châtaigniers de Margeride. La gravure de M. Viennet, *Tanneries de Maringues*, est d'une perfection achevée. N'oublions pas la composition sculpturale de MM. Teillard et Gourgouillon, *La Comédie*, pour la décoration de la façade du théâtre de Clermont, d'un agencement harmonieux et d'un caractère élevé. Nous aurons fini d'énumérer les attractions artistiques de la *Soupe-aux-Choux*, en mentionnant comme un des meilleurs bustes de Mombur, le portrait magnifique de M<sup>me</sup> Diomède, la femme de notre éminent ciseleur, qui nous avait envoyé lui-même de petites merveilles de composition et de goût décorant et rendant précieux les objets les plus vulgaires, comme des salières et des porte-carafes. On voit que le petit Salon Auvergnat a été remarquable cette année par le choix et la valeur des œuvres exposées.

Ici nous signalerons le don que vient de faire M. Diomède, au Musée de Clermont-Ferrand, d'une de ses créations les plus complètes. C'est une aiguière de 50 centimètres de haut, en argent repoussé, d'un style irréprochable. Les sujets qui la couvrent, sans la charger, sont composés par un maître, harmonisés avec un goût sûr et exécutés par une main exercée, habile et patiente. Ils représentent, sur les flancs élégants du vase, les saisons symbolisées, dans quatre médaillons entourés d'ornements exquis, par quatre jeunes femmes aux formes pures, aux mouvements variés et justes, accompagnées de jolis enfants nus portant les attributs des quatre divisions de l'année. A la base de l'aiguière, une nymphe s'enroule autour du pied, dans une pose abandonnée et voluptueuse. Devant le col fin du vase, un faune aux muscles saillants tend une coupe pour recueillir les gouttes du divin breuvage, qu'une bacchante, admirablement étendue sur l'anse, sans l'alourdir, fait jaillir du raisin pressé dans ses doigts nerveux et charmants.

*<br>* *

Il était facile de voir, en entrant dans le pavillon de la ville de Paris, aux Champs-Elysées, que le Salon des Artistes indépendants ne provenait pas d'une sélection. Les toiles les plus extravagantes, les fantaisies les plus baroques y touchaient à des œuvres intéressantes, parfois d'un réel mérite. Plusieurs de nos compatriotes se sont égarés dans cette réunion vraiment trop mêlée, et nous devons dire qu'ils ont largement contribué à soutenir cette Société ouverte à tout venant, qui a déjà dix ans d'existence.

M<sup>lle</sup> Marie-Louise Boitelet, dont nous avons remarqué avec intérêt les envois de l'an passé au Champ-de-Mars et au Blanc-et-Noir, se range décidément sous la bannière des impressionnistes, des *tachistes* et même des *zébristes*. Nous lui crions : Casse-cou. Car, il faut dire que, si ces écoles ont exercé une influence salutaire par l'ensemble de leurs tentatives, en éclaircissant, par exemple, la peinture et en la rendant plus transparente, elles ont produit bien peu d'œuvres complètes, que l'on puisse citer comme la réalisation de leurs tendances. Ces effets de lever ou de coucher de soleil, sur les bords de l'Allier, dans les environs de Vichy, sont réellement par trop sommaires, et M^lle Boitelet, dont le talent fait fausse route, devrait reprendre quelques sentiers battus pour arriver au paysage réel. On doit reconnaître qu'elle trouve, chez des artistes distingués, comme M. Osbert, des modèles dans ce genre très particulier. A côté de tableaux symboliques, M. Osbert nous a présenté quelques paysages, dont nous retiendrons deux seulement inspirés aussi par les bords de l'Allier. Tous les deux reproduisent le même site : de vagues coteaux à l'horizon, la courbe gracieuse de la rivière, un bateau de pêcheur sur la rive et trois grêles peupliers se découpant sur le ciel. Le matin, sur le ciel clair, tout est bleu, bleuté ou bleuâtre. Le soir, sur un ciel teinté de jaune, tout est violet, violacé ou violâtre. Cela manque de relief, de détails. Tout se confond dans une gamme de tons monotones. Cet art est dépourvu de charme et de vérité. Eh bien! nous avons retrouvé au Champ-de-Mars le même paysage, avec le bateau et les trois peupliers grêles, signé par M^lle Boitelet. Il faut croire que ce point des rives charmantes de notre petit fleuve a un attrait tout spécial pour les peintres de la nouvelle école.

Nous préférons les études, trop vivement exécutées peut-être et quelquefois un peu dures, de M. Dupérelle. Il n'avait pas moins de six toiles aux Indépendants. La route de Versailles au Guichet, avec son effet de soleil puissant sur le bois touffu de châtaigniers, doit être signalée, ainsi que le ciel orageux sur les verdures du Bas-Meudon, très justement observé et rendu. Voici un nom nouveau, celui de M. Edgar de La Croix, né à Riom. Ses petites études peintes en Sologne ou en Auvergne, maisons perdues dans les arbres, routes ombragées, étangs ou ruisseaux, sont sincères et attrayantes. Il y manque un peu de fermeté qui viendra. Les vues d'Auvergne de M. Oscar Kœchlin, pour être plus finies, plaisent moins. Elles ont les tons des peintures sur porcelaine. Nous n'avons pu cependant regarder, sans émotion, le coin du lac d'Aydat et le Puy de Dôme dressant son cône gigantesque au-dessus de Fontanas.

Le Souvenir d'Auvergne de M. Louis Sabatier fait songer à certains coins de nature de Courbet. Ce n'est pas un mince éloge ; car le maître d'Ornans fut un paysagiste de premier ordre. M. Sabatier, d'un pinceau habile, a reproduit un de ces frais ravins de nos montagnes, où le ruisseau bondit et écume, autour des blocs de rochers moussus, sous les frondaisons vertes et noires des arbres qui s'enchevêtrent librement, dans les solitudes inviolées.

Notons quelques essais de peinture industrielle et décorative, sur fond de velours noir, par M. Luigi Spes, né au Puy, où perruches, fauvettes, martins-pêcheurs s'ébattent agréablement sur les pavots et les jacinthes.

M<sup>lles</sup> Desliens avaient exposé, aux Indépendants, trois de leurs plus jolis portraits : une femme brune, en costume de bal, au profil très fin, aux traits un peu lassés ; un excellent portrait d'homme ; et celui d'une jeune fille d'une quinzaine d'années, particulièrement remarquable. Les artistes ont épuisé, dans ce tableau, avec une délicatesse infinie, toute la gamme des bleus. Sur le fond bleu foncé se détache la jolie figure, au sourire doux et triste, la mante bleue et la touffe de bluets épars sur les genoux de la jeune fille. C'est une symphonie en bleu, d'un charme pénétrant. La toile de genre, des mêmes artistes, rappelait, par la netteté et le fini des détails, les chefs-d'œuvre des maîtres hollandais. Tout est étudié avec scrupule dans cet intérieur de cuisine, où le filtre de grès, majestueux, occupe la place d'honneur. La servante elle-même n'est qu'un accessoire, comme le bassin de cuivre, le pot-à-eau à dessins blancs, la cruche, le panier où rougissent les framboises, le balai, les oignons et les éplu-

chures. Mais si le filtre est le point où se concentre l'attention, les accessoires n'en sont pas moins habilement
rendus. M<sup>lles</sup> Desliens ont beaucoup produit, ces dernières
années, dans tous les genres, comme on l'a vu. Elles ont,
croyons-nous, l'intention de réunir leurs œuvres récentes
dans une exposition particulière. C'est une idée excellente
qui ne peut que plaire aux nombreux admirateurs de leur
talent. Un des plus fermes soutiens des Indépendants, c'est
M. Serendat de Belzim, notre compatriote mauricien,
dont le pinceau fécond va du portrait aux grandes compositions romanesques ou mythologiques, sans dédaigner
la peinture religieuse, puisqu'il exposait, cette année, un
Saint-Hélie. Son *Penseur* a un caractère philosophique
puissamment exprimé. On sent dans cette tête énergique
de capucin, à la longue barbe rousse, un homme qui a dû
porter l'épée, et les mains longues et fines révèlent, avant
le couvent, un long séjour dans un milieu élégant et mon-
dain. *Le Nuage* est une fantaisie ravissante d'un Boucher
moderne : une femme nue, vaporeuse, aux seins rosés,
voluptueusement étendue et dormant sur une nuée. La
*Naissance de l'Amour* est une grande toile qui fait songer
aux Vénus de Cabanel. L'archer divin, *jeune, féroce et beau,*
comme a dit Banville, se hâte, dès sa naissance, de lancer ses
traits sur le corps adorable d'une belle Naïade, au moment
où elle s'ébat sur le rivage de la mer : harmonie douce,
eau verdâtre et horizon violet qui forment, avec l'enfant
ailé et la jolie baigneuse, un ensemble charmant que le
peintre a trop modestement désigné comme un panneau
décoratif. Un autre tableau de M. Serendat de Belzim
nous a séduit. Il s'appelle : *Anxiété*. Près d'un pilier de
l'église, le livre de messe entr'ouvert, comme contenance,
la jeune villageoise, en costume de fête, les yeux noirs
fixés sur le porche, se pose avec inquiétude cette ques-
tion pleine de sentiments contradictoires : Viendra-t-il ?
C'est ce moment de doute poignant, d'anxiété fébrile que
l'artiste a saisi et nettement exprimé. Signalons, pour

l'an prochain, une grande scène inspirée par la *Mignon*
de Gœthe, qui est encore sur le chevalet, dans l'élégant
atelier du peintre.

* *

Entrons maintenant au Salon des Champs-Elysées, la
grande attraction du printemps parisien.

Voici un superbe paysage d'un de nos voisins de
la Loire, M. Emile Noirot, né à Roanne. Le lever
de lune à Saint-Maurice, qui est pris fidèlement sur
nature, donne une sensation presque romantique. On
songe aux bords du Rhin et aux vieux Burgs décrits par
Victor Hugo. Dans l'énorme ravin ténébreux, à peine
éclairé par les premiers rayons de la grande fleur lumi-
neuse des nuits, où l'on distingue au sommet les murs
en ruines du château démantelé; au pied des rocs mons-
trueux et noirs, la Loire roule ses eaux profondes et semble
vouloir entraîner un énorme bloc de rochers qui lui barre
le passage. Tout paraît d'abord morne et désert. Peu à
peu cependant le regard entrevoit, sous la lueur d'un falot
pendu au roc, une barque luttant contre le courant et des
pêcheurs venant lever le verveux dont les cercles surna-
gent. Cette scène, toute simple et vraie, comme on le voit,
emprunte au décor et à la nuit un caractère mystérieux,
sinistre, fantastique. Elle est d'un effet surprenant, et le
jury a décerné, avec justice, à M. Noirot une médaille de
deuxième classe. Le paysagiste a désormais conquis le
titre de peintre des bords de la Loire.

M. Franc Lamy, avec l'habileté qu'on lui connaît, nous
conduit, au contraire, dans les régions lumineuses et sou-
riantes nées de son imagination où chaque année il nous
promène. *Au pays des fleurs*, comme au *Renouveau* de l'an
passé, les gazons sont frais, les roses s'épanouissent, les
arbres mêlent leurs feuillages grêles ou bleuâtres, et les
femmes à demi nues se dressent près des lacs ou s'étendent
nonchalamment sur la mousse. L'artiste nous a habitués

à ce pays du rêve, dont la vue repose des réalités brutales de quelques modernes.

*Chez le notaire,* de M. Petit-Gérard, a été inspiré par un passage de la Terre d'Emile Zola, où il s'agit de la *démission des biens* du père Fouan. La scène est vraie, les types de paysans bien observés, les poses sont naturelles. Mais le tableau, comme le roman, manquent de ce rayon d'idéal qui éclaire toute chose et que M. Zola s'efforce trop souvent de ne point voir. M. Petit-Gérard ne veut pas qu'on l'oublie comme peintre militaire. Il a raison. Son *Etat-major* intéresse, et ses officiers de chasseurs ou d'infanterie, aux dessins, sont pris sur le vif et fort bien campés.

Avant d'avoir découvert le *Puits de Saignes (Cantal)*, par M. Paul Schutzenberger, à travers les nombreuses galeries du Salon, nous supposions une faute d'impression dans le livret, et nous cherchions le *Puy de Saignes*. Mais le typographe ne s'est pas trompé. Il s'agit d'un vrai puits à margelle et à poulie, près duquel deux amoureux de quinze ans échangent leurs premiers aveux : gracieuse idylle cantalienne, avec le décor des plateaux fleuris et les montagnes bleues pour horizon.

M<sup>me</sup> Marie Cayron, née à Craponne, marche sur les traces de M<sup>me</sup> Vasselon. Son portrait du docteur C...., représenté lisant, gravement assis devant une table verte, est une solide peinture.

L'affûteur de scies que M. Corre, né à Aubiat, a surpris dans ses courses autour de Vichy, et fixé sur sa toile, suggère toute une suite d'idées agréables. On voit le pauvre diable, aux vêtements délabrés mais propres, le parapluie à la main et portant sur le dos ses instruments de travail, suivre d'un air satisfait les jolis méandres de L'Allier. Il paraît comprendre le plaisir d'errer par un beau soleil, en attendant le travail en plein air, devant 'auberge du village. Cet affûteur est un philosophe, et le peintre un observateur.

Depuis 1864, c'est-à-dire pendant trente années, nous avons régulièrement retrouvé au Salon M. Bellel, le vieux maître romantique qui s'est toujours inspiré de l'Algérie et de l'Auvergne. Plusieurs fois ces études ont essayé de caractériser son réel talent. Nous n'insisterons donc pas sur un mérite et une originalité que les visiteurs du Musée de Riom peuvent apprécier; car ce Musée possède maintenant une des plus belles toiles du paysagiste, un site grandiose des environs de Châteldon. C'est encore la grande rue de Châteldon que Bellel a scrupuleusement étudiée dans un de ses deux fusains. Les maisons pittoresques abondent dans cette petite ville et l'artiste n'a omis aucun détail, depuis les murs en pans de bois jusqu'aux plus bizarres *cabajoutis*. L'autre fusain évoque ce ravin de Gironde, aux rochers dénudés, aux aspects sévères et tristes, que bien peu de touristes connaissent.

Arrêtons-nous devant un grand paysage, aussi au fusain, de M. Ducaruge. C'est le passage du bac à Bas-en-Basset, dans la Haute-Loire. Le bateau primitif n'est qu'un accessoire, mais la rivière, les rochers noirs qui la bordent, le ciel voilé forment un ensemble captivant.

M\ue Cécile Chalus est une excellente pastelliste. Son joli portrait de blonde, au profil délicat, avec les tons violets du costume et les nuances fines de la main, forme un vrai tableau. Quant à l'*incroyable*, jeune beauté provoquante, elle étonne par son énorme chapeau de velours vert, ses cheveux rouges flottants sur la gorge à demi nue et la façon cavalière dont elle lance une œillade assassine.

Un autre pastel nous a beaucoup plu. C'est le portrait de M\ue Marie de L..., par M\ue Jeanne Dumas, née à Riom ; gracieux visage de brune, aux traits réguliers, aux lèvres de cerises.

Une fine aquarelle de M. Eugène Freynet doit être citée ici, puisqu'elle représente une ruelle du vieux Royat.

On nous a reproché d'oublier quelquefois les architectes. Assurément ce ne sera pas cette année. Nous sommes heureux, en effet, de féliciter M. Emile Camut de la haute distinction que lui a décernée le jury, une médaille de première classe, la seule donnée dans la section. Cette récompense lui a été attribuée pour le projet exécuté de restauration et agrandissement de l'Etablissement thermal du Mont-Dore. M. Camut s'occupe depuis longtemps de notre pays. Il a étudié nos monuments, nos vieux châteaux-forts. Il s'est particulièrement occupé des églises de Saint-Saturnin, de Vensat, de Saint-Paul d'Issoire. Nous applaudissons de grand cœur à ses succès mérités. Signalons aussi deux aquarelles d'un autre architecte : *Fontaine au Puy* et *Porte ancienne à Clermont,* par M. Félicien Pinon.

A la gravure, nous avons remarqué une reproduction très heureuse d'un des paysages de Corot, du Musée du Louvre, par M. Julien Tinayre, né à Issoire, médaillé en 1890 ; et un intérieur d'huilerie, excellente eau-forte de M. Jules Viennet, à la manière de Jacques, c'est-à-dire bien éclairée et très en relief.

Descendons à la sculpture. M. Mombur, trop occupé probablement par l'exécution en marbre de son magnifique groupe, *Baiser filial,* un des succès de l'an passé, n'est représenté au Salon que par un buste, mais très réussi, celui de M. Victor Salneuve. M. Coulon, l'auteur de l'Hébé qui lui valut aussi une des premières récompenses, a envoyé le beau portrait de M. Schœlcher, sénateur, pour le Musée de la Pointe-à-Pitre. Un autre buste très ressemblant du député d'Ambert, M. Farjon, a été exécuté avec une rare souplesse par M. Suchetet, le statuaire bien connu de la Biblis.

Il faut regarder avec attention une œuvre importante de M. Eucher Girardin, un de nos voisins de la Loire, qui s'est déjà fait remarquer par une brodeuse forézienne et une charmante création : la Marie de Rolla. M. Girardin a obtenu, au concours, l'honneur d'exécuter le monument à la mémoire des soldats de l'arrondissement de Roanne, qui sont morts pendant la guerre de 1870-1871. Il s'est acquitté avec talent de cette tâche difficile. Après les groupes de Mercié et de tant d'autres sculpteurs, il était presque impossible de ne pas rappeler des sujets popularisés par la gravure. Le jeune artiste a su éviter cet écueil, et, avec une grande simplicité de moyens, produire un effet saisissant. Un « mobile » blessé, près de mourir, une main appuyée sur un canon, l'autre serrant sur son cœur la hampe du drapeau, est soutenu par la Renommée, aux longues ailes, qui porte, devant les paupières à demi closes du soldat, le laurier héroïque, suprême récompense du dévouement à la France. Le jeune fantassin et la figure allégorique sont habilement groupés ; l'ensemble a de la grandeur et inspire l'émotion patriotique. Cette œuvre, en bronze vert, que le public a comprise et admirée, dont la presse a parlé avec éloge, sera inaugurée, le 14 juillet, sur la place de Saint-Etienne, à Roanne. Là, sur un fond de verdure, le socle composé par l'architecte Michaud, se détachera nettement et le héros inconnu soulevé par la gloire s'envolera en plein ciel, pour perpétuer le souvenir de nos deuils et raviver nos espérances.

C'est une douleur intime qu'a voulu symboliser M. Champeil, encore élève de l'école des Beaux-Arts, dans un bas-relief très remarquable, qui lui a valu une mention honorable. Une belle jeune fille, chastement vêtue, un bouquet de fleurs à la main, dans une pose naturelle, abandonnée et gracieuse, s'absorbe dans ses pensées douloureuses et sa jolie figure exprime cette tristesse profonde, causée par la mort d'un parent chéri et que rien ne peut consoler. Cette composition marque le vrai début d'un artiste d'avenir. Elle est destinée au tombeau du père du jeune statuaire. Il faut la louer sans réserve pour le talent qui s'y manifeste et pour le sentiment pieux qui l'a inspirée.

Citons encore deux intéressants fragments de sculpture religieuse, par M. André Besquent, né au Puy — une tête de Sainte-Agnès et un haut-relief en marbre : Sainte Emérentienne, vierge et martyre.

*<br>* *

Des Champs-Elysées au Champ-de-Mars la promenade est délicieuse, même par la chaleur. Sur les quais, abrités par les feuillages touffus des marronniers, des peupliers et des platanes, on marche plus agréablement que sur nos routes poudreuses et nos places publiques trop dénudées. On est éventé par l'air frais qui monte de la Seine et l'on contemple des horizons lointains et de vastes espaces de ciel.

Voilà des paysages vrais, au milieu de Paris, qui vous feraient oublier la peinture. Mais il faut cependant aller voir les paysages factices et souvent faux que nous offre la Société nationale des Beaux-Arts. Aussi bien, M. Jacques Pelletier, né à Clermont-Ferrand, nous fera quitter à peine la banlieue de Paris. Son pastel représente une vue de la Seine, à Epinay. Le ciel gris bleuté, les tons atténués du fleuve et les verdures pâlies des rives forment un ensemble tranquille et doux, qui fait songer aux bergeries de M<sup>me</sup> Deshoulières.

Avec M. Dinaumarc, dont les miniatures plaisent malgré une certaine sécheresse de touche, nous revenons en plein boulevard, où nous voyons passer M<sup>lle</sup> Syma, MM. Billault et Guy Ropartz.

Mais M. Charles Cottet, né au Puy, va, selon son habitude, nous mener loin. Il suffit de lire le titre de ses études peintes : *Midi à Chetma, Près d'El-Kantara, Effet du soir à Amcid, Vieux Biskra*, pour croire que l'on parcourt l'Algérie, en pleine orgie de couleurs et débauche de lumière. Le peintre se modère toutefois dans ses deux toiles rapportées de Camaret-sur-Mer. Il y montre un talent sérieux. Bien qu'emporté encore par sa fougue de coloriste, il fait naître des sensations de grand art dans ses *Rayons du soir* et dans ses *Fritousens*, où l'on voit cheminer gaillardement sur une seule ligne, de grandes et robustes filles de Camaret, dont les silhouettes énergiques se détachent en vigueur sur un ciel d'une intensité de coloris presqu'irréelle.

Avant de quitter le Champ-de-Mars et de terminer cette étude forcément rapide, tant le nombre des artistes d'Auvergne s'accroît chaque année, nous jetterons un coup d'œil à l'exposition de l'Union libérale des Artistes français, sur les paysages de M. Pierre Tullon. L'entrée de carrière à Châtillon produit un effet inattendu dans un site des environs de Paris. L'énorme brèche, qui sépare les hautes murailles de pierres moussues, laisse admirer, dans un lointain fuyant, savamment reproduit, les teintes variées des cultures et des arbres qui prennent une douceur infinie dans le cadre naturel de ces blocs effrités. Le petit chemin ombreux, sur les hauteurs de Gelles, après un orage de juin, nous a ravi. Les feuillages des haies, revernis par la pluie, sont drus et vigoureux ; les herbes se redressent ; les mouches volent et l'on sent la vie palpiter sur cette terre volcanique et farouche, dans une atmosphère embaumée et resplendissante.

Paris, 22 juin 1893.

Clermont-Ferrand. — Imprimerie Mont-Louis, rue Barbançon, 2.

CLERMONT-FERRAND. — IMPRIMERIE MONT-LOUIS, RUE BARBANÇON, 2.